梅关

◎ 主编 金开诚

◎ 编著 冯 秀

吉林出版集团有限公司

吉林文史出版社

图书在版编目（CIP）数据

梅关/冯秀编著.—长春：

吉林出版集团有限责任公司，2011.4（2023.4重印）

ISBN 978-7-5463-4977-0

Ⅰ.①梅… Ⅱ.①冯… Ⅲ.①关隘－介绍－南雄市 Ⅳ.①K928.77

中国版本图书馆CIP数据核字（2011）第053371号

梅 关

MEIGUAN

主编/金开诚 编著/冯 秀

项目负责/崔博华 责任编辑/崔博华 钟 杉

责任校对/钟 杉 装帧设计/柳甫泽 王 惠

出版发行/吉林出版集团有限责任公司 吉林文史出版社

地址/长春市福祉大路5788号 邮编/130000

印刷/天津市天玺印务有限公司

版次/2011年4月第1版 印次/2023年4月第5次印刷

开本/660mm×915mm 1/16

印张/9 字数/30千

书号/ISBN 978-7-5463-4977-0

定价/34.80元

前　言

　　文化是一种社会现象，是人类物质文明和精神文明有机融合的产物；同时又是一种历史现象，是社会的历史沉积。当今世界，随着经济全球化进程的加快，人们也越来越重视本民族的文化。我们只有加强对本民族文化的继承和创新，才能更好地弘扬民族精神，增强民族凝聚力。历史经验告诉我们，任何一个民族要想屹立于世界民族之林，必须具有自尊、自信、自强的民族意识。文化是维系一个民族生存和发展的强大动力。一个民族的存在依赖文化，文化的解体就是一个民族的消亡。

　　随着我国综合国力的日益强大，广大民众对重塑民族自尊心和自豪感的愿望日益迫切。作为民族大家庭中的一员，将源远流长、博大精深的中国文化继承并传播给广大群众，特别是青年一代，是我们出版人义不容辞的责任。

　　本套丛书是由吉林文史出版社和吉林出版集团有限责任公司组织国内知名专家学者编写的一套旨在传播中华五千年优秀传统文化，提高全民文化修养的大型知识读本。该书在深入挖掘和整理中华优秀传统文化成果的同时，结合社会发展，注入了时代精神。书中优美生动的文字、简明通俗的语言、图文并茂的形式，把中国文化中的物态文化、制度文化、行为文化、精神文化等知识要点全面展示给读者。点点滴滴的文化知识仿佛颗颗繁星，组成了灿烂辉煌的中国文化的天穹。

　　希望本书能为弘扬中华五千年优秀传统文化、增强各民族团结、构建社会主义和谐社会尽一份绵薄之力，也坚信我们的中华民族一定能够早日实现伟大复兴！

目录

一、古关古道

（一）梅岭

1. 梅岭全景

梅岭，又名大庾岭，居五岭（大庾岭、
骑田岭、萌渚岭、都庞岭、越城岭）之
首，海拔 746 米，此处地势险要，山势
嵯峨，层峦叠翠，奇峰叠秀，逶迤数百里。
四时秀色，气候宜人。夏季平均气温为
22.6 摄氏度，比南昌市区低 8℃～10℃。

梅岭位于南昌市西郊 30 公里处的西山山脉中段，鄱阳湖西南岸，北与庐山对峙，为南昌市湾里区管辖，面积约 150 平方公里。

大庾岭如同屏障，"一样春风，两般景色"，阻挡了行人，也隔断了南下的寒流和北上的暖气，使岭南岭北气候迥异。梅岭把江南的天空一分为二，地理学家们将这里称为"一山分割两边天"。因有满山遍野的梅花而得名"梅岭"，并以梅

著称于世。"峰峦之旖旎，溪漳之蜿蜒，谷壑之幽深，岩石之突兀，云雾之缠绕，风光之掩映。"梅岭"翠、幽、俊、奇"的特色使其素有"小庐山"之称。又由于岭南岭北气候迥异，造就了举世称奇的"山岭山麓花不同，北枝花落南枝始"的奇观。梅关古驿道最美的季节是冬季，此时漫山遍野的梅花竞相开放，争奇斗艳。

2. 名字由来

关于梅岭的得名有很多说法，其中一个说法是根据南迁越人首领梅绢的姓氏得来的。在秦朝以前，五岭之南属于蛮荒之地。那时的岭南车马不通、人烟稀少。在战火纷飞的战国时期，大批越人不堪中原的战乱而迁往岭南，其中有一支以梅绢为首的越人，长途跋涉、翻山越岭来到大庾岭。他们被眼前的岭南自然风光深深地吸引了，于是决定在梅岭一带安营扎寨、艰苦创业、繁衍生息。他们发扬了越人勇敢顽强、吃苦耐劳、刻苦坚韧的民族传统，使这一带迅

速发展兴盛起来。后来梅绢又因破秦有
功而受到项王的封赐，被封为十万户侯，
人们为了纪念他，就把这一带称为梅岭。
梅岭在岭南经济文化发展过程中起了至
关重要的作用。梅岭自越人开发以后，
就成为了后来中原汉人南迁的落脚点，
中原文化也逐步在梅岭生根开花，并渐
渐向岭南传播开去。

3. 梅岭历史

在古代，这里不仅是地埋意义上的分界线，它还是两个古代民族、两种不同文化区域的分界线。梅岭北面是中原地区汉民族居住地，属于比较发达的汉族文化；南面则是古代百越的居住地，两个民族、两种文化在这里交汇，使梅岭积淀了浓厚的文化底蕴，造就了特有的历史文化风情。唐朝以来，先后有张

九龄、张商英、周必大、王安石、张位
五位丞相，欧阳修、黄庭坚、曾巩、陈
师道、汤显祖等闻名于世的文学家慕名
而来，或游览赋诗，或凭吊古今，或题
刻留记，或隐居修炼，留下了许多名诗
佳作和人文景观，从而成为古今游人的
慕游之处。梅岭因其特殊的地理位置常
常成为古代战场，同时也是革命战争年
代里红军多次战斗过的地方。特别是陈
毅同志带领的部队在这一带坚持了三年

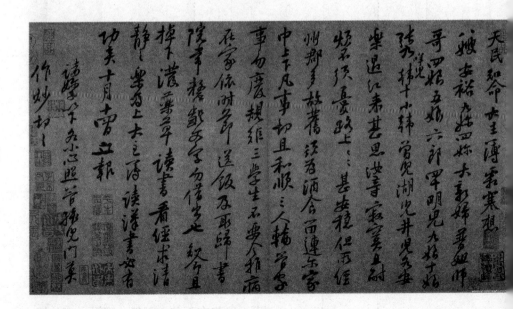

的游击战争，并在危难之中写下了壮志凌云的《梅岭三章》，使梅岭的知名度更高了。

在古今瞩目的众多梅岭名胜古迹中，洪崖丹井算是最为古老的了。隋开皇九年（589年），因为洪崖的存在，竟将豫章郡改名为洪州，可见它的知名度之高。离丹井不远处则是江西著名古迹"皇姑墓"，墓前有石翁、石狮、石马、石羊等。

而印光和尚云塔——清朝末年佛教净土宗的著名禅师印光的墓葬也在这里。

4. 自然风光

梅岭的自然风光也是值得一提的，有相当多的古树名木生长于此，林木葱茏，气候凉爽。例如姿态万千的陵上古松林、雄伟俊俏的迎客松、幽溪之畔的擎天大竹；"盆景樟""石中兰""树生竹"

更是令人称奇，被誉为"梅岭三绝"。梅岭有上百座山峰，并且各具特色。梅岭头竹林翠绿、幽清寂静；狮子峰高大险峻、难以攀登；紫阳山景色秀丽、姿态万千；罗汉岭位置优越、利于观景。梅岭的山谷沟壑，到处可以见到灰黑色的花岗岩垒叠成梯，形成许多大小不等的岩洞：云隐洞、造钱洞、潘仙洞、秦人洞……形态各异的龙爪石、尖刀石、穿剑石、礁臼石、佛名石，伴随着许多神话故事流传到民间。"素练飘来胜白纱，

轻飞玉屑点袈裟。"梅岭因断岩形成的
脚鱼潭、滴水崖、跌水沟、水口瀑布四
时腾泻。游人不论是在梅岭之巅、洗药
湖畔，还是在避暑山庄，均可朝观东方
云海日出，暮瞰洪城万家灯火，春赏十
里火红杜鹃，夏迎百丈仙台凉风，秋品
千峰野果琼浆，冬览万山玉树银花。真
乃风景优美、避暑游览之仙境。

（二）梅关

1. 梅关的地理位置

广东南雄和江西大余曾因地利而繁华一时。千载风流随风逝去，多处古道已在风尘中废弃、湮灭，而梅关却依旧傲立于世。

　　广东省南雄市与江西省大余县共有
的梅关，曾经是中国古战场中著名的关
隘之一，与山海关、居庸关、武胜关等
齐名。南雄史称"居五岭之首，为江（西）、
广（东）之冲""南北咽喉，京华屏障"。
南雄县的名字也与梅关有关，南雄意思
是南粤雄关；而雄关指的就是梅关。梅
关号称"岭南第一关"，设在梅岭之上，
被列为广东省省级文物保护单位，是著

名的旅游胜地。梅关是南岭上最重要的关隘之一，古称秦关，又称横浦关，亦称大梅关。大余梅关位于大余县以南偏西10公里的梅岭隘口，坐落在南雄县城约30公里的梅岭顶部，两峰夹峙，虎踞梅岭，如同一道城门将广东、江西隔开，是粤赣交界处的必经隘口。这里石壁对峙，地势险要，清代南雄守官陈淮有诗云："一径高盘积翠巅，雄关扼险锁南天。"恰有"一夫当关，万夫莫开"之势，既是南北交往的重要关卡，又拥有南来北往的重要驿道，所以历来都是兵家必争之地。

2. 梅关的兴起

梅关地处要冲，历经刀枪剑戟、烽火硝烟，创下了无数英雄业绩，载入史册。公元前214年，秦始皇命使尉屠睢率领50万将士，兵分五路进击岭南的百越，其中一路渡过彭蠡泽，溯赣江、章江，再弃舟登陆。在五岭开山道、筑三

关，即横浦关、阳山关、湟鸡谷关，打开了沟通南北的三条孔道。在大庾岭西侧一处海拔430米的垭口设立的关卡就叫作"横浦关"，并派兵戍守。从此，横浦关成了中原军队南进的必经通道。数百年间，横浦关一直被兵家视为雄关要塞，古驰道上充满了剑气与军威。秦设横浦关后百年，汉武帝发兵南下征南越吕嘉，楼船将军杨仆奉命率部"出豫章，下横浦",走的仍然是这条秦时修筑的驰道。这是梅岭最早的关楼,人称小梅关,距离今天的梅关不过数里。后来年久失修,横浦关倒塌了。

3.梅关的修建

梅关的隘口合岭路,旧关早圮。在太平盛世、经济繁荣的唐代,梅岭没有真正设立关卡,军队驻守也是时有时无。唐朝开元四年(716年),丞相张九龄主持新辟驿道,路基宽约5米。到了宋代,广东的盐商贸易进入江西地区,政府为

了加强管理、增加关税收入，才正式设

立了关卡。关上现存的关楼，就是北宋

时筑造的。北宋嘉祐八年（1063 年），南

安知军蔡挺在梅岭上建成了砖石结构的

关楼，坐南朝北，东西横卧，且与其兄

广东转运使蔡抗协议，以砖石分砌南北

岭路。并立了块石头刻上"梅关"两字，

古朴雄伟。关楼南北的两面门楣各嵌有

石刻匾额，北门额刻着"南粤雄关"，南

门额则是"岭南第一关"。关楼两侧有一副对联"梅止行人渴，关防暴客来"。右侧则立有一块清康熙时的石碑，碑高 2.75 米，宽 1.21 米，斗大的两个字"梅关"赫然入目，像一位历尽沧桑的老人，在此纵览天下风云。在关楼的北侧，有一块高 2.4 米、宽 1.4 米的石碑，上面刻着"梅岭"两个刚劲有力的楷书大字，每字约 6 平方尺。这块石碑是清康熙年间南

雄知州张凤翔立的。南雄历代州、县都
修葺过关楼，才使梅岭关楼保存至今。

（三）梅关古道

1. 梅关古道的重要位置

南雄有一条古道，因其穿过地处大

庾岭南麓的梅岭，又有梅关横亘于其间，所以就被称为梅关古道。在粤汉铁路修通之前，广东和外界最主要的沟通，就是这粤赣交界处梅岭上窄长的梅关古驿道。梅关古道从梅关向南北两边蜿蜒延伸，北接江西章水，南连广东浈江，好像一条彩带，把长江和珠江连接起来，形成了一条水陆连运的交通线，是历史上中原通往岭南及海外诸国的"海上丝绸之路"中的重要交通要道。梅关古驿道自汉伐南越、唐设梅关以来，是中国

古代江南唯一的一条"国道"，也是中原地区同沿海沟通的交通枢纽。梅关古道据说曾经是沟通长江流域和珠江流域最快捷的"高速公路"。历史上不少中原仕宦、巨家望族由此道迁入岭南，灿烂的中原文化也是由此道传入南粤的。它见证了千年百代之兴替，历经两千余年的沧桑，至今依然保留完整。隔开广东与江西两省，今天珠江三角洲的居民，其先祖大多是经梅关古道南迁的。古道上

的珠玑巷，就是南迁汉人的聚居地。石
砌的古驿道由山脚下的江西大余县梅岭
村起，弯弯曲曲在梅岭间延伸，游客可
步行越岭而南，进入广东南雄境内。

　　古道开通之后，南北交通大为改观，
梅关古道从此成为连接南北交通的主要
通道。广州等地客商货物由水运北上到
雄州，经古道运往岭北；岭北南下客商
货物则由陆路经古道运到雄州，然后转

水运运往广州等地，使当时的百里梅岭古道一片繁荣，曾被誉为中国南北贸易的黄金通道。"南北之官轺，商贾之货物，与夫诸夷朝贡，皆取道于斯。"且"商贾如云，货物如雨，万足践履，冬无寒土"的盛况一直延续到清朝末年。据史料记

载，梅岭古道"长亭短亭任驻足，十里
五里供停骖，蚁施鱼贯百货集，摩肩接
踵行人担"。岭驿道自唐朝修通之后至
宋、元、明、清，每天都有成千上万的商人、
官宦从这里经过，成为繁荣昌盛的"商
业廊"，历千余年而不衰。直到鸦片战
争之时，清政府被迫签订五口通商之后，

这里的驿道才逐渐衰落，关楼也失去它应有的作用。

2. 梅关古道的历史沿革

位于梅岭之上的古驿道除了在经济发展上有着重要的作用外，还是历代兵家屯兵驻营的要寨。

（1）秦

梅岭设关始于秦，主要用于军事。梅岭古道是全国保存得最完整的古驿道，是古代沟通中原与岭南的五条交通要道之一。秦始皇统一中国后，先后派遣屠睢、任嚣、赵佗等人攻取岭南。公元前 221 年，秦始皇统一中原。第二年，他的目光投向了遥远的东南沿海，开始了征服岭南的步伐。公元前 213 年，秦始皇组建了一支五十万人的南征大军，分兵五路，向岭南进军。连绵不绝的五岭山脉，是分隔岭南与中原的巨大屏障，也是历朝中原帝王迟迟无法染指岭南的主要障碍。此时，南征大军需要寻找一条到达岭南的最短路线，水运自然是首选。秦军由长江水系南下赣江，然后又沿赣江上游章江溯流而上，直到五岭之首的梅岭脚下停下来，秦军很疑惑。章

江并没有在此流向岭南，而是拐了个弯
向东流去。在梅岭另一边的南雄是珠江
上游的浈江，既然章江没有流向岭南，
就要找到章江最接近浈江的位置，开凿
运河连接两江，从而沟通长江与珠江水
系，使秦朝的大军能源源不断地沿江进
发。最终，秦军在梅岭上发现了一处比
较低矮的山谷，并对其稍加修整，一条
在梅岭中曲折前行、通往广东南雄的军

事通道初见端倪。秦朝大军的滚滚铁骑，从长江水系直达大余的章江码头，然后通过这条长达 40 多公里的通道，轻而易举地穿越了似乎不可逾越的五岭，最后在南雄的浈江登陆，长驱直入。作为荒蛮之地千百年的岭南，终于打开了它的大门。秦朝攻破岭南后，就在大庾岭上的梅岭筑关，又称秦关，打开了沟通南北的通道。这就是最早的梅关古道。

（2）唐

秦军通道出现的八百年以后，古中国便进入大唐王朝的鼎盛时期。唐玄宗开元四年（716年），南北商品流通日益频繁，经济有较大的发展，"以载则曾不容轨，以运遇负之以背"的古道与当时经济文化发展的要求已很不适应了。同年，张九龄因病告归祖籍始兴，路过梅岭见"峭险巉绝"，便向唐玄宗建议开辟岭道，改善南北交通，以充分利用岭南的"齿革羽毛之殷，鱼盐蜃蛤之利"，达到"上足以备府库之用，下足以赡江淮之求"的目的。这个建议得到了唐玄宗的赞同。张九龄奉诏开凿岭路，选择了一条由大余到南雄距离最短的路段，并动用大量民夫，将坚硬的花岗岩山体凿下去二十多米。前后用了两年的时间，三十华里的路面宽一丈"坦坦而方五轨，阗阗而

走四通"。梅关古道变成了可并行两辆马车的大山路。从长江水系转入浈江，进入珠江水系，旅人只需骑马行四十五公里陆路即可。"马背九十里，坐而致万里。"四通八达，快捷无比，指日即过万里的距离。

（3）宋

自张九龄开通梅关古道以后，历代都对这条古道的维护极为重视，曾经多次进行修铺和种植树木。较大规模的有宋嘉祐八年（1063年），广东转运使蔡抗与其胞兄蔡挺（时任江西提点刑狱公事）商议，分别修筑各自所辖境内路段，补

大雪压青松青松
挺且直要知
松高洁待到雪
化时　陈毅

种松、梅，立表梅关。宋代知军蔡挺设立梅关后，大庾岭驿道便改称为梅关驿道。时人余靖于是有《通越诗》："峤岭（大庾岭也称峤岭）古来称绝徼，梯山从此识通津。"并说："蔡学士兄弟新砌，岭路相接。"宋元丰二年（1079年），王巩记过岭情况也说："庾岭险绝闻天下。蔡子直（抗）为广东宪，其弟子政（挺）为江西宪，相与协议，以砖铺其道，自下而上，自上而下，南北三十里，若行堂宇间。每数里置亭以憩客。左右通渠，流泉涓涓不绝。白梅夹道，行者忘其劳。予尝至岭上，仰视青天如一线。然既过岭，即青松夹道，以达南雄州。"记叙了古道上悠然自得的景象。这条宽阔、安全的梅关驿道，年年月月载负着千人万马，到了明清两代，它的繁荣达到了顶峰。

（4）明

明正统十一年（1446年），南雄知府郑述征集民工，用鹅卵石、花岗片石铺砌岭道、路面长九十余里，并在道旁补植松、梅。明正德年间，广东布政使

吴廷举也很积极补增路松，自称"十年两度手栽松""种提青松一万株"。直到明末清初，岭道历经八百多年，兴旺不衰，且古松夹道，形如虬龙，"官道虬松"即成雄州一景。有人咏梅关古道岭松云："郁郁凌云气，岩岩耸壑材""不风能避暑，即雨亦衔杯"。由此可以想见，那时古道两旁的虬松是何等的高大、茂密。而明末意大利传教士利玛窦也在他的《利玛窦中国札记》中，描述了他过庾

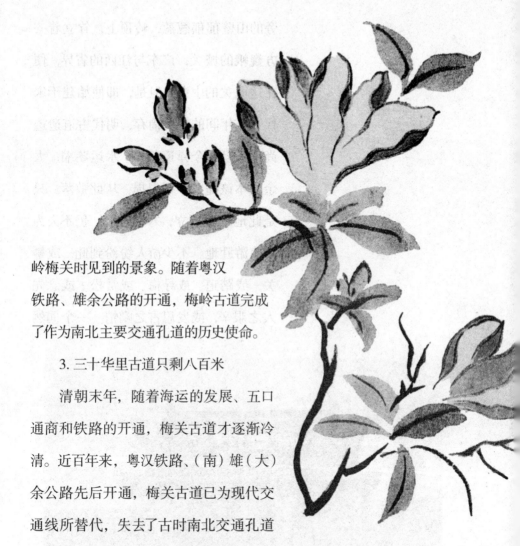

岭梅关时见到的景象。随着粤汉铁路、雄余公路的开通，梅岭古道完成了作为南北主要交通孔道的历史使命。

3. 三十华里古道只剩八百米

清朝末年，随着海运的发展、五口通商和铁路的开通，梅关古道才逐渐冷清。近百年来，粤汉铁路、（南）雄（大）余公路先后开通，梅关古道已为现代交通线所替代，失去了古时南北交通孔道的作用。曾经绵延三十华里的古道，今天只剩下短短八百米。幽幽古道，以卵石垫硬路面，不再有车辚辚、马萧萧的气氛。沿着古道慢慢往上走，只见两旁的山壁郁郁葱葱，岭顶上，耸立着一方巍峨的城关，广东与江西的省界，便在这城关的中央。但是，即使始建于宋代嘉祐年间的梅关尚存，明代古道遗迹尚存，但如今驿道萧条，水运萎缩，大余城本该随此一损俱损，从此败落。只是此地虬松挺立，寒梅怒放，仍不失为一旅游胜地。不少游人纷纷到此，或攀关、或踏道、或寻梅、或赏松；或念先人之艰辛，或发思古之幽情。一个偶然

的发现又使大余比以前更火爆、更富贵。1882 年德国牧师邬礼亨在大余县发现了钨矿，从此江西大余因拥有世界最大钨矿而闻名于世。大余钨矿给当地人民带来了光明和财富，同时也使梅关驿道的人文资源得以传承。

4. 古道故事多

梅岭古道上有一座半环形的仿古建筑——驿站。驿站是古代为过往的驿使、官员提供休息和换马的场所，也是供文人学士饮酒作诗的地方。但这座驿站却大有来历。宋朝时苏大学士被流放到岭南做官，后来遇上天下大赦继而返回江南，路过这梅岭驿道时，就曾在这驿站里喝过青梅煮的酒，挥笔写下咏梅诗《庾岭红梅》，传为古今佳话。驿站的后面有一个"倒马坑"，是用来掩埋长途跋涉运送货物累死的马匹的。"一骑红尘妃子笑，无人知是荔枝来"是唐朝诗人杜牧写的著名诗句，讽刺了唐明皇宠爱的杨贵妃。因为她喜欢吃岭南荔枝，皇帝就诏令八百里快骑将新鲜的荔枝从岭南飞马传送回长安以博贵妃欢心。而据说岭南荔枝就是经此驿站飞传长安的，所以这里更是成了忧国忧民的文人墨客悼古伤今的极佳去处。现在的驿站则是按照客家的围屋结构重建的，是观赏梅花的好地方，也是风景区里休息、娱乐、购物的主要场所。

　　古道上有一棵苍郁的参天古树，下

面立着的一个石碑上写着"东坡树"。想
必是苏东坡过梅关时亲手栽种的。立此
碑是为了纪念曾数次经过这里的苏东坡。
宋代大文学家苏东坡被贬惠州，经过梅
关时住了三年，62岁时，又被贬到儋州，
三年后徽宗继位，才奉诏内迁廉州，他
再次经过梅关古道北上，登梅岭，心潮
难平，道路两旁遍布客栈饭庄、酒肆茶坊。
可是再热闹的场景也无法舒缓他寂寥的
心情。据说，他两次在岭南古道旁的茶

店里饮茶时都遇到一个老人，并一见如故。老人盛情款待，苏东坡为自己晚年他乡逢知己而深感欣慰。东坡无以为报，就作诗《赠岭上老人》："鹤骨霜髯心已灰，青松合抱手亲栽。问翁大庾岭头住，曾见南迁几个回。"而后来在同样的地方又见面时，喜悦之中再次赋诗一首："梅花开尽杂花开，过尽行人君不来。不趁青梅尝煮酒。要看细雨熟黄梅。"

"梅国"是古代大余的一个美称，"梅国"之称来自于南安太守赵孟适。1268年，即南宋咸淳年间，新太守赵孟适久闻梅岭梅花之名，上任后便到梅岭观赏梅花，此时正赶上腊月，鹅毛大雪、梅花绽放，白雪覆盖的梅岭茫茫一片，分外妖娆。面对此情此景，赵太守当即亲手题写下"梅花国"字匾，后人便把大余简称为"梅国"。在梅岭为数不多的古迹之中，还有一块长 2.7 米、宽 0.6 米的石碑，上面书写着四个字"重来梅国"。这块石碑是清朝太平天国运动在大余活动的见证，至今已有一百三十多年的历

史。清朝咸丰八年（1858年），太平天国出现"天京事变"，由于上层领导之间相互猜疑引起了大分裂。翼王石达开遭天王洪秀全排挤后，率十万精锐太平军逃离南京回到广东。1863年石达开转战江西，派贤王李士贤强攻大余县城，紧要关头时竟天降大雨，太平军无法穿越章江导致攻城失败。刘胜祥是当时守城的清军将领。第二年，太平军再战大余时，守城清军十分强大，仍然未能攻破，就主动放弃离开。清军守将刘胜祥因阻击太平军有功，被提升为清军总兵，执掌兵权。进京做官几年后，刘胜祥来到大

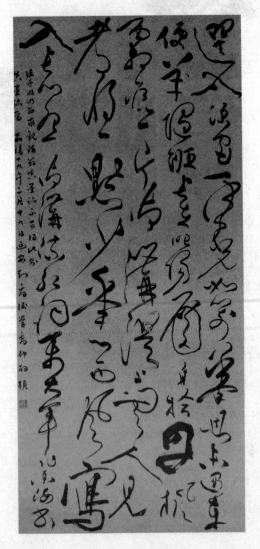

余巡视，故地重游，心情很愉悦，随即叫人拿来笔砚，写下了"重来梅国"四个字。

千百年来，南来北往的达官显宦、文人骚客在梅关留下了许多赞颂梅关的清丽词句和佳作名篇。为了不让这些珍贵的诗词流失，1996年，大余选出其中有代表性的几十首诗，请当代中国书法协会会员书写雕刻成碑，建成了梅关诗碑林。如今驿道两旁建起的"梅岭诗碑林"，是一幅将历代名人的诗作和当代书法家的艺术融为一体的杰作。梅花诗碑园第一首是明代书法家张弼所写的《自题红梅诗》"去年南郡赏元宵，歌舞声中度画桥，烂漫新诗谁记得，红梅云落路遥遥。"张弼是明成化二年的进士，曾在南安府做知府，在江苏太湖畔与朋友赏梅时想到在梅岭赏梅情景，即兴写下这样一首诗。碑林中还有一首是南宋时期著名爱国民族英雄文天祥所写的《南安军》。1278 年，文天祥率领义军在广东省的五坡岭抗击元军，由于力量悬殊，文天祥

兵败被俘。元军统治者赏识其才学、正气，想引诱他投降，为己所用，于是就把他从广东押往北京。文天祥的家乡就在庐陵（今江西吉安），经过梅岭时，他希望自己能够终埋故里，便从梅岭处开始绝食。然而天不遂人愿，被押解的元兵发现，强行逼他进食。这首诗中的"饥死真我志，梦中行采薇"体现了他的浩然正气。梅关，每一道风景都让八方游客陶醉。

5.梅关古道与南雄经济的发展

大余县与梅关一直是共荣共衰的，赣州市也与梅关

的命运息息相关。在古代，这里是中原通往我国重要对外口岸广州的唯一道路，人们要出口的丝绸、茶叶、瓷器，进口的香料、玻璃、化妆品都必须经过这里。由于这里山路陡峭狭窄，货物运输必须全靠肩挑背扛，难如登天，不知当时有多少挑工葬身于此。梅关建成后，大余成为出口商品和进口货物的中转站。简单的加工业越来越多，饮食服务业随之蓬勃兴起，储藏运输业更是非常繁荣。

唐朝时期经济空前发展之后，对外

输出瓷器、丝绸、茶叶等特产，除了北方
"丝绸之路"到达西亚、欧洲之外，还有
就是通过水运，由长江到达赣江，溯章
江再来到大余梅岭脚下，然后经由挑夫
经过这条古驿道送往广东南雄，最后由
浈江、珠江运往海外。梅关古道的开通
就是为了当时唐朝经济发展的需要，所
以在古代，这条驿道发挥了极其重要的
经济大动脉作用，有人更是形象地把这
条航路称为"水上丝绸之路"。"南通百
越，北控三江"——充分体现了梅关的

重要地位。自从唐代宰相张九龄开辟驿道以后，梅关沟通了长江流域、珠江流域和闽江流域三大水系。直到鸦片战争之前，这条古道一直是我国对外贸易的重要通道。

随着沿海港口的逐渐增多，大余县城一度变得"门前冷落鞍马稀"。改革开放以后，经济又有了飞跃的发展，运输任务的不断加重，汽车数量的迅速增加使得县城的领导发现，这条古道并不是再也没有用武之地，"第二次繁忙"也呼之欲出。于是，他们和岭南的广东"邻居"合作，联手维修和扩建了这条古道，引来了大批的车辆。萧条了多年的梅关古道又显得生机盎然、生气勃勃。大余产钨，世界闻名。早前这里虽有丰富的钨矿，可一直藏在深山之中，就是有人知道也无法开采，运不出去的钨，毫无"用武之地"。在交通贯通之后，这里陆续建起了四座钨矿厂，成为世界上产钨最多的"钨都"。就像众多交通落后的山村一样，这里虽然有着丰富的农产品，可过去运输困难，不能变成商品。而现今，政府的扶植加上当地人民的辛勤劳动，对产品进行深加工，而且雇用专人远销到全国各地，很快就使一批农民致富了。随着梅关古道的拓宽畅通，大余的人们与外界的联系也日益增多，从而开阔了视野，增长了智慧，并逐步利用现代化手段组织生产，更是有一些能人由过去的"打工仔"一跃而成为赫赫有名的"现代企业家"。

知识就是力量，就是财富。通过梅关古道输入进来的智慧和文明，对于这里的人来说更显得弥足珍贵，并且培育着一代又一代的大余人。而他们也在困境中发扬着自强不息、坚韧不拔的精神，刻苦学习、奋发向上、积极进取。"一门四进士，叔侄两宰相"的美谈也是出于此地。据说宋代大余有一户姓戴的人家，一个农村妇女带领着几个孩子过日子，生活十分艰苦。可是这位母亲十分坚强，一生辛勤劳作，省吃俭用，就为了供儿子读书，供孙子上学。子孙们也没有辜负她的期望，以苏东坡、程颐、程颢为榜样，在学习上严格要求自己，在读书中自信、自强、自立。皇天不负苦心人，他们一家出了四个进士、两个宰相，这段千古佳话流传至今。今天，这里的书香气息仍然非常浓厚，孩子们读书刻苦勤奋，都有各自的理想和追求。

二、古人古事

（一）庾将军祠

庾将军祠处在憩云亭与梅关关口中间，距离古驿道西侧数十米的一个较开阔的山坡上。庾将军祠是为了纪念西汉初期裨将庾胜戍守梅岭有功而建造的。该祠坐南朝北，前方立有一旗台，西汉士兵保家卫国，镇军扬威的象征。祠前数步建有一座水泥平台，四周有石栏杆

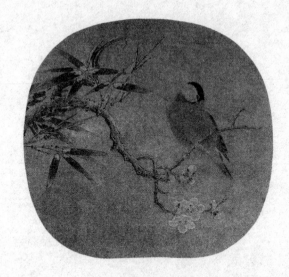

围绕，称为朝汉台，传说是汉时驻兵的升旗处。古代的升旗与今天差不多，升军旗标志着此地是戍守的军营地，也是反映士卒忠于朝廷、忠于国家的一种形式。据传,祠址原是汉朝屯兵扎营的地方，因此1991年大余县人民政府也将将军祠和朝汉台建在此地。庾将军祠为仿古庙式砖木结构，共有三开间，占地90平方米，正厅塑有庾将军的塑像，祠前廊柱上有一对楹联："不必定有梅花，聊以志将军姓氏。从此可通粤海，愿无忘宰相风流。"

　　相传汉朝初期，梅岭以南有一个南
越国，南越王手下有个丞相名叫吕嘉，
在汉武帝时期拥王自立，想要反叛汉廷，
汉武帝派遣楼船将军杨朴率军出横浦挥
师南下。杨朴将军的前锋将领就是庾胜，
他率军在前头一路冲锋陷阵，骁勇善战，
直到消灭南越国，为汉朝的统一立下了
汗马功劳。汉武帝为表彰庾胜将军，封
他驻守台岭、巩固南疆、把守梅关。庾
胜驻守梅岭后，他和兄弟两人，统兵驻
岭北，筑城大余，戍兵梅岭，在这修建

兵营,岭下筑城,岭上建寨,日夜把关(所以这座祠的原址还是庾将军军营旧址)。庾将军热心传播中原的优秀文化和先进的耕作技术,为这里的百姓造福,深受当地百姓的爱戴。又因他排行老大,所以叫他为大庾。他死后,这里的人民为纪念他的功德,筑祠祭祀。大余县原名为大庾,梅岭称之为庾岭都是为了纪念庾胜将军。1957年,将大庾改为大余,象征着年年有余,希望这里的人民永远

吉祥安康，后人为了纪念其功德在这建
了庾将军祠，并把他驻守的台岭改称为
大庾岭。

（二）六祖庙

　　建筑精巧的六祖庙就坐落在梅关南
面沿驿道约 200 米处的东侧，而西侧则
是卓锡泉，这里还流传着一段佛家故事。

六祖指的是佛家禅宗六祖慧能——广东"南华寺"的开山祖师,禅宗的始祖菩提达摩在中国的第六代传人。相传在唐朝武则天时期,禅宗五祖弘忍在湖北黄梅的东山寺弘法,拥有徒弟七千人之多,年老圆寂前他想在众多僧侣中选出一法嗣。于是宣布要每个从僧都作一偈,并许下承诺:谁的偈能够参透佛理要义,就把衣钵袈裟传给谁,继为六祖。大弟子神秀平时得五祖器重,是众僧中

的上座和尚，自以为六祖非他莫属，他在半夜三更时分，独自掌灯，在佛堂的南廊题作了一偈："身是菩提树，心如明镜台。时时勤拂拭，莫使有尘埃。"一般和尚都认为他的偈非常好，点破了修炼的方法，然而这时冒出来个不太识时务的和尚慧能，也要求做一偈，得到许可后，针对神秀的偈，他写道："菩提本无树，明镜亦非台。本来无一物，何处惹尘埃。"五祖弘忍看后，没有说话，认为慧能悟

到了佛性，但考虑到慧能出身低微，在寺里只是个在碓房舂米的和尚，神秀可能不服，日后恐怕会加害于他，于是就叫他退下，但已决定把衣钵袈裟传于他。第二天弘忍把慧能叫去为他讲经。五祖圆寂前，便秘密将世代相传的衣钵袈裟传给了慧能，正式传他为禅宗六祖。为其安全着想，弘忍亲自送他到江州的渡口，嘱咐慧能马上离开黄梅，南回广东避难，吩咐他不到必要的时机，不要把自己是禅宗六祖的身份讲出来，免得有禅宗的僧人来争夺位置。

果然不出所料。神秀发现衣钵袈裟已被慧能拿走了，便立即找来武僧慧明，要他率领五百僧人，追踪慧能，夺回传世之宝。而慧能在离开师父之后，日夜兼程逃到大余，投宿东山寺住了一夜，第二天到了梅岭，正赶上

暑热天气，等上到山顶的时候已经是筋
疲力尽了，想要找点水喝，可是高山之
上哪里会有水呢？慧能没有泄气，将锡
杖往地上一顿，大声呼喊道："天不绝吾
也！"说也奇怪，他这锡杖一顿，地缝中
竟然冒出了一股清泉，慧能喝后感到甘洌
清甜、清凉爽口。这便是卓锡泉，又称
锡杖泉。正要启程赶路时，慧明已经追
上山来，他自知不是慧明的对手，便把

袈裟衣钵等物放在一块大石上让慧明拿回去。然而慧明用尽全身力气也拿不动这些物品。这时他自身也有所感悟，感到无力取走这些法物，又见慧能勤劳诚实，便对他说："你赶快走吧，后面还有追兵。"说完后自己便往回走，并对后面追赶的僧侣说慧能已经不知去向，不必再追赶了。慧能这才从梅关脱险。而这块大石头就是有名的"放钵石"。为了躲藏"烦恼未断者"的加害，他在广东四会一带整整藏匿了 15 年，直到唐高宗仪凤元年（676 年）才真正以六祖的身份公开露面。传说，慧明放走了慧能之后，也没有再回黄梅，而是找了一处山寺修炼。为了纪念六祖在梅岭的这段险遇，后人便在此地兴建六祖庙。

（三）夫人庙的传说

张九龄是唐代著名的文学家，《唐诗三百首》开篇就选了他的两首诗，他更是有名的政治家，致力于为民造福。张

九龄的家乡在广东韶关市曲江县大庾岭南的北江边，进京离乡，他多次往返大庾岭横浦关，亲身体验到了这条古道的艰险难行，早就有心重凿山道。唐开元四年（716年）冬月，38岁的左拾遗张九龄奏请朝廷修复庾岭通道，唐玄宗同意了他的建议，并命令他具体负责此事。左拾遗属谏官，官阶虽然不高，却是天子的近臣，由这样一位谏官来具体负责这样偏远地区的工程，在历史上也许不

多见。这年冬天，张九龄与当地百姓一起
"饮冰载怀，执艺量度，缓登道，披灌丛"，
他没有修老路，而是在横浦关西边一处
垭口凿山开道，劈山凿岩，终于拓出了一
条"坦坦而方五轨，阒阒而走四通"的新路，
实在令人惊叹！而就在梅岭的半山腰上，
有一座特别的寺庙，这就是夫人庙。有
一段凄美的传说讲述着张九龄之妻与梅
关古道非同寻常的生死缘。

传说在开凿梅岭隘口时，进展受阻。每天凿开的岩石，晚上又合拢回去，今天凿低一点点，而到明早一看，岩石又长回原来的样子，这个怪现象连续持续了半个多月，张九龄心急如焚、却又无计可施。几万工人苦战了一个多月仍毫无进展。这一奇事难倒了张九龄及开山的壮士男儿。

　　岩石怎么会重新合拢呢？张九龄三更半夜潜到工地上决心一探究竟，看看岩石是怎样长回去的。他刚来到山顶上，一位鹤发童颜的老翁突然出现了。张九龄向老翁问计，老翁说："天皇皇，地皇皇，天子舍得出钱粮。天苍苍，地苍苍，何人舍得绝妻房？要想此山让路，除非有孕妇来祭祀。"说完就消失不见了。怎么办才好呢？张九龄爱民如子，是绝对不会做出这种伤天害理的事来的。为此，张九龄愁眉不展、闷闷不乐。在开通大道的工程中，在热火朝天的工地上，侍妾戚宜芬一直侍奉在张九龄身旁。戚氏见夫君寝食难安，知道他肯定遇到难以解决的大事了，而问及原因，他总是沉默不语。他是绝对不能将心事告诉她的，因为夫人正身怀六甲。是夜三更，戚氏听到了丈夫关于修道的梦话，终于明白了其中的秘密。沉思良久，戚氏心想自己出身贫寒，在危难中幸得九龄相救，而今夫君有难，正是舍身相报之时。她于是立即起床披衣，只身佩剑冒着寒风

冷雨独自跑到梅岭山巅，手握长剑对天
诚心祷告："皇天在上，我乃朝廷大臣
张九龄侍妾戚氏，现身怀六甲，为助九
龄开路成功，愿杀身以镇妖魔，以孕身
祭山神，只盼梅岭早日开通，为民造福，
请山神让路！"随即举剑剖腹而死，血
染山岩。只听轰然一声巨响，通道顿开。
第二天张九龄一觉醒来发现夫人不在身
边了，自知肯定是天机已泄，夫人已在
梅岭献身。当他赶到梅岭山脚时，一道

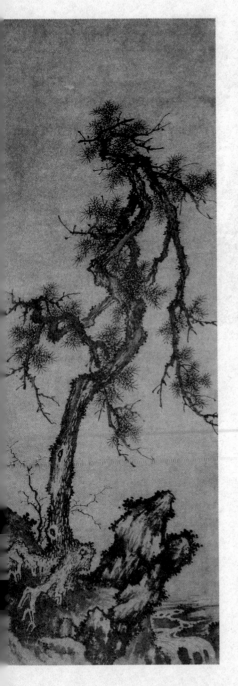

光线穿过深深的隧道口透了过来，梅关已通。而夫人鲜血淋漓地倒在地上。张九龄忍着悲痛，埋葬了夫人。等到开工的时候，工人们发现石岩已凹下了一个大缺口，足有几十丈深，二丈余宽，两边悬崖绝壁，陡峭如墙，各个瞠目结舌，都觉得十分神奇。张九龄将事情的原委告诉大家，听者无一不为这位伟大的女性所折服，为她的死而恸哭。四方百姓悲恸之余，为感谢张夫人的恩德，修了一座墓安葬她，又在梅岭脚下建了庙和塑像作永久纪念，年年祭祀以表崇敬。千百年来，夫人庙一直香火鼎盛，过路人都会进庙里烧炷香，拜上几拜，祈求夫人保佑一路平安。据说梅关至今还有那座夫人墓，但是由于道路不便，已被荆棘埋没了，所以过路人很少知道具体位置。不管怎样，张夫人毅然牺牲了自己，以感动天神，使工程一举成功的传说，也使梅关更加神奇壮丽。

　　当然，这个故事是个神话传说，但从中也可以看出当年开凿梅关是一项非常艰巨的工程，不但张九龄本人付出了艰辛，他的夫人也可能真的为此献出了自己的生命，所以梅关古道上才会有一座"夫人庙"。

三、革命年代

兴宁—滁口—文明（里田）—乐昌和江西的宜章—老坪石是北方到广东的两条大动脉，不亚于现在的京珠高速。而大余—梅关，临近大余县城和赣粤交通大道，消息灵通、给养易筹。所以梅岭不仅是历代文人墨客涉足的风景宜人的地方，又是革命时期游击队奋战过的土地，也是新四军吹响第一声抗日军号的地方。早在红军长征前夕，梅山地区就成

了重要的游击根据地，这里群众基础好，南雄游击队常常在这一带活动。

（一）陈毅隐蔽处

1935年11月，余汉谋进行了残酷的"清剿"，妄图割断群众与游击队的联系。他派大批军队围剿梅岭，此时陈毅隐藏于梅山斋坑一石洞中。敌人搜捕不着便放火烧山，火已烧到眼前时，他考虑到难以脱险，便义无反顾地准备"以身殉主义"，并以视死如归的壮志豪情写下了感人肺腑的"绝笔"诗——《梅岭三章》。天无绝人之路，多亏突降一场大雨，将火浇灭，隐蔽在此地的陈毅等人也安全脱险。"陈毅隐蔽处"也因此为世人所知。

如今，人们又在梅岭修建了诗碑长廊，那些革命诗词让人们回想起了当年的烽烟岁月。记住了英勇的陈毅同志及

他的诗。"天将午，饥肠响如鼓。粮食封锁已三月，囊中存米清可数，野菜和水煮。""叹缺粮，三月肉不尝。夏吃杨梅冬剥笋，猎取野猪遍山忙，捉蛇二更长。""靠人民，支援永不忘。他是重生亲父母，我是斗争好儿郎，革命强中强。"再现了这一历史时期的艰难。后在革命群众的积极掩护下，终于摆脱了最残酷的一次"围剿"。坚持了三年艰苦卓绝的游击战争宣告结束。陈毅和战友们一道，领导红军游击队，与敌人进行了殊死斗争，谱写了一曲曲感天动地的英雄赞歌，使红军游击队迎来了黎明的曙光。

（二）刘伯坚视死如归

刘伯坚是我国著名的无产阶级革命家、优秀党员、坚强的共产主义战士。毛泽东同志称他是"我党我军政治工作第一人"。他致力于改造西北军，领导了

宁都起义，作为我党我军在第一、二次国内革命战争时期的重要领导人之一，对中国革命作出了卓著贡献。

　　1935年3月初，红军赣南军区政治部主任刘伯坚在会昌仁风地区突围战斗中为掩护战士，左腿受了重伤，不幸落入敌人魔掌，关押在大余县监狱。在狱中，刘伯坚拒绝了国民党军的诱降，以笔作武器，以监狱当战场，抱定为革命流血牺牲的决心。刘伯坚的《带镣行》与夏明翰的《只要主义真》被合成雄浑悲壮的《就义歌》而广泛传唱。他不惧酷刑、抗拒诱降，在戒备森严的囚室里，奋笔写下了《移狱》和《狱中月夜》。提到大庾，就不得不想到他的《移狱》"大庾狱中将两日，移来绥署候审室；室长八尺宽四尺，一榻填满剩门

隙。五副脚镣响银铛，匍匐膝行上下床；狱门咫尺隔万里，守者持枪长相望。狱中静寂日如年，囚伴等吃饭两餐；都说欲睡睡不得，白日睡多夜难眠。檐角瓦雀鸣啁啾，镇日啼跃不肯休；瓦雀生意何盎然，我为中国作楚囚。夜来五人共小被，脚镣颠倒声清脆；饥鼠跳梁声啧啧，门灯如豆生阴翳。夜雨阵阵过瓦檐，风送计可到梅关；南国春事不须问，万里芳信无由传。"

刘伯坚同志虽然身陷囹圄，却志坚如钢，在被囚的 17 天中，他坚贞不屈，视死如归。"生是为中国,死是为中国""死以殉主义"是他的坚定信念。20 日，军法处长问他还有什么后事，他的回答让敌人诧异，更震撼了后来人："第一，写家书一封叫我的子孙后代革命到底! 第二，死后要把我葬于梅关!"当被问及原因时，刘伯坚自信而坚定地说："葬在梅关，站得高望得远，使我死后也能看

到革命的烈火到处燃烧！"在就义前辗
转羁押的半个多月里，不管敌人怎样威
逼利诱和严刑拷问，他都以"我为中国
作楚囚"的钢铁意志顽强战斗、死而无
悔，充分表现了一个共产党员的革命英
雄主义气概。1935 年 3 月 21 日，刘伯坚
同志被国民党当局杀害于江西大庾。

四、寒梅胜景

梅关不仅历史悠久，而且景色宜
人。登上梅关，放眼南北，眼前豁然开
朗，北出关门，眺望赣南平原，天低云淡，
远处山色空濛，田畴井然，令人心旷神
怡。梅岭多梅，有漫山夹道之盛，借此
我们就可以想象出那"一路梅花一路诗"
的怡情雅景。梅岭自古以来以梅花著称
于世。"庾岭（梅岭）寒梅"为岭南佳景
之一，更是我国历史上闻名的"中国六大

赏梅地之一"，自古便以"梅开庾岭为香国"之称而名闻五岭南北。清朝乾隆年间一副对联"红白花开两样雪，来往人占半边山"就是对梅岭梅盛人旺的形象塑造。这里又是粤赣两省的分水岭，脚踏两省，极目远眺，南北风光尽收眼底。

梅岭的梅花有其自身特点。"庾岭梅花微与江南异，花颇似桃而唇红，亦有纯红者。岭上累经增植，白者为多。"这是其特点之一。由于岭南岭北气候的明显差异，出现了南枝先开、北枝后放，

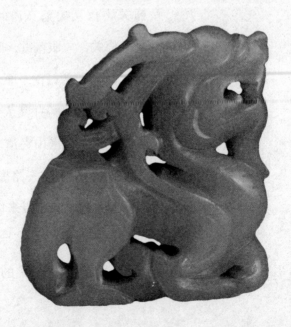

界限分明的奇景,这便是另一特点。因此,梅岭的梅花特别动人。南岭红梅北岭雪,半山春暖半山寒。花开时节,由岭北到岭南去的人,总要折枝梅花寄回家乡以表示对家乡的怀念,由岭南回岭北去的人,也要折枝梅花带回家去以表示对岭南的留恋。折梅寄赠,已成一时风气。"马首径从庾岭归,王师到处即平夷,担头不带关南物,只插梅花一二枝。"这是元至元年间右丞相伯颜率师平定岭南、登上梅岭所作的《度梅岭》。

自西汉初年,梅岭就开始种植梅树,

至今有两千多年的历史了。每至寒冬腊月，在暮冬花开时节，满岭梅花盛开，驿道两旁顿时白梅如雪、香盈雪径、沁人心脾，是游人沿古道观赏粤赣两省风光的大好时节。早春二月，站在梅岭之巅，展现眼前的是雄关漫道、花团锦簇，漫山遍野的梅花将"南粤雄关"装点得更加壮丽。此时的梅岭，"风来十里暗闻香"，令人叹为观止、流连忘返。梅关，不知道旅人游子曾到此折梅赠别，是游客博古思今的极佳境地，也是赏梅、品梅、叹梅、写梅的好去处。自古梅岭以其独特的地理位置和多姿多彩的自然景观吸引了历代的文人墨客、达官贤士。正如元朝吏部侍郎聂古伯留下的诗句"黄金台上客，大庾岭头春，如是无诗句，梅花也笑人"。有多少诗人骚客为之挥毫泼墨、题词赋诗，使梅岭留存下众多的咏梅佳句。千百年来，岭梅怒放时节曾吸引着历代名人雅客前来踏雪寻梅、吟诗作赋、抒情咏志，留下了不少脍炙人口的传世佳作。陆凯、张九龄、苏东坡、朱熹、戚继光、文天祥、陶铸、李如筠、何香凝等都有诗章随岭流芳。梅岭也由此成为

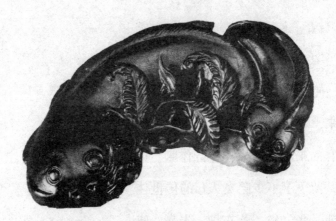

融自然景观与人文景观于一体的游览胜地。尤其是梅岭由于岭南岭北气候的明显差异，岭上的南枝先开北枝后放的奇景更是令人惊叹。所以，梅岭梅花的"盛、雅、奇"被世人称之为三绝，千古流韵。

北魏的陆凯是吟咏梅花的第一人。陆凯与南朝著名史学家、文学家、《后汉书》作者范晔是好友，尽管南朝、北朝处于敌对状态，但是陆凯与范晔常以书信往来，互相诉说对时世的看法和感愤。北魏景明二年（501年），陆凯在戎马倥偬中登上梅岭，正赶上岭梅怒放，他立

马于梅花丛中，想起了陇头好友范晔，

又正好碰上北去的驿使，就把一枝梅花

装在信袋里，暗暗捎给江南好友范晔。

于是就出现了折梅赋诗赠友人的一幕。

范晔拆开信一看，里面赫然放着一枝梅

花，还有这首诗《赠范晔》："折花逢驿吏，寄与陇头人。江南无所有，聊赠一枝春。"多么大气的对生命的礼赞啊! 范晔被陆凯这种一身清白、忠心爱国、盼望祖国早日统一的精神所感动，潸然泪下。南北两方文人对这件事称赞不已。而这首诗也堪称岭南第一韵，开创了梅岭梅文化的先河。后人在梅岭风景区内修建了一座"折梅亭"，也叫"一枝春亭"，以示对陆凯的缅怀纪念，又以"一枝春"

作为梅花的代称，也常用作咏梅和别后相思的典故，并成为词牌名。在此之后，吟咏梅岭梅花的诗文越发多了起来。当驿道上越来越多的文人毫不吝惜地挥洒墨汁留迹时，它沿路流淌于五岭南北，这条古道也就诗意盎然了。整个梅岭也成了一片花的海洋，一片诗的圣地。

北宋著名的大诗人苏东坡也曾经贬谪到海南儋州做官，他经过梅岭古驿道时题赋了好几首梅花诗——《庚岭梅花》："梅花开尽杂花开，过尽行人君不来。不

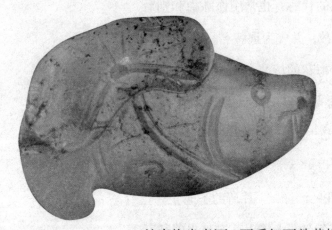

趁青梅尝煮酒，要看细雨熟黄梅。"这是其中最有名的一首，从岭上梅花到古道行人，从梅花开放到花落、梅熟，都作了生动的描绘。南宋著名理学家朱熹，云游岭南，写了一首《登梅岭》："去路霜威劲，归程雪意深，往还无几日，景物变千林。晓磴初移屐，密云欲满襟。玉梅疏半落，犹足慰幽寻。"又是一幅美丽的探梅图。据《大余县志》记载，梅岭山下有折梅亭。而《直隶南雄洲志》也有记载，南雄城南有寄梅驿。南宋时期浙江天台著名的江湖派诗人戴复古，大江南北的梅园胜景都看遍了，唯独久慕梅岭的梅花，于是不畏长途跋涉，到梅岭来赏梅。"东海边来南海边，长亭三百路三千。飘零到此成何事，结得梅花一笑缘。"正是他的《题梅岭云峰四绝》中的一绝。可见他对梅岭的向往之情有多么热切！无独有偶，元朝杨维桢的咏梅诗句，"万花敢向雪中出，一树独先天下春"。南雄府志记载："十二月（农历），霜雪降，池始冰，岭梅初放。"刻在古驿道旁石碑上的一首咏梅诗"南国有高枝，先开岭上梅。临风高挺立，不畏雪霜吹"，是国民党革命派杰出代表、现代画家何香凝所作。1926年和1927年，她曾两度登上梅岭咏梅赋诗，借对梅花的吟咏来抒发高尚的革命情怀。

五、诗词歌赋

1. 古代

陆凯、张九龄、苏东坡、周敦颐、程颐、程颢、朱熹、戴复古、黄庭坚、文天祥、解缙、戚继光、汤显祖、毛泽东、陈毅、刘伯坚、何香凝、臧克家等等，数不尽的文学家、理学家和政治家都在这里留下了他们的墨迹，直到今天还有许多文人雅士写诗颂词，畅怀古今，或是纪念，或是赞颂，成为人们用之不尽的精神食粮。

"梅花开尽百花开，过尽行人君不来。不趁青梅尝煮酒，要看细雨熟黄梅。"这是大诗人苏东坡的《赠岭上梅》，由行人、岭梅想到故人，由落花熟梅想到与亲友相聚，别有一番滋味在心头。"去路霜威劲，归程雪意深。往还无几日，景物变千林。晓磴初移屐，密云欲满襟。玉梅疏半落，犹足慰幽寻。"南宋理学家朱

熹云游岭南，登上梅岭时正值寒梅盛开，就作了这首诗《登梅岭》。一幅风雪探梅图跃然纸上。古道、岭梅、虬松，家事、国事，触景生情，不禁令因罪流放岭南的有识之士怆然涕下。唐初宋之问作《度大庾岭》："度岭方辞国，停轺一望家。魂随南翥鸟，泪尽北枝花。"该诗抒发了无限的悲思。文天祥曾多次转战于梅关古道南北，写下了许多感人的诗篇。在国命垂危之际，力图挽大厦于将倾，奋力拼搏，最后在岭南兵败被俘，押至北

梅关

京后慷慨就义。"梅花南北路，风雨湿征
衣。出岭谁同出？归乡如有归！山河行古
在，城郭一时非。饥死真吾志，梦中行
采薇。"一首《安南军》写出了他舍生取
义的一身正气，令人肝肠回荡，肃然起敬。

2. 近代

近代革命家们的诗词更是豪气干
云、尽人皆知。陈毅元帅的《梅岭三章》
脍炙人口，诗曰："断头今日意如何，创

业艰难百战多。此去泉台招旧部，旌旗十万斩阎罗。南国烽烟正十年，此头须向国门悬。后死诸君多努力，捷报飞来当纸钱。投身革命即为家，血雨腥风应有涯。取义成仁今日事，人间遍种自由花。"《偷渡梅关》这首诗记载的则是作者与项英等偷渡梅关情景。"时闻何梅塘沽协定。大庾岭上暮天低，欧亚风云望

欲迷。国贼卖尽一抔土，弥天烽火举红旗。"红军三年游击战争时期，作者率领游击队长期活动在大庾岭中。1935 年 6 月，国民党代表何应钦与日本华北地区驻屯军司令官梅津美治郎在天津塘沽签订协定，将中国在河北、察哈尔的主权

大部出让给日本。作者当时在大庾岭深

山密林中得此消息，愤怒地创作了《登

大庾岭》，怒斥了国民党的卖国行径。

六、周边风情

梅关的所在地江西大余不仅有"古关古道，古人古事，寒梅胜景"，而且此地人杰地灵，名胜古迹相当多。如古老的充满人文气息的珠玑古巷；充满怀古幽思情调的牡丹亭；集"险、奇、特"为一身的龙山瀑布群；令人流连忘返的钨都奇观——"雅丹沙漠城"和"地下迷宫"；江南最大的明代寺庙群落丫山灵岩古寺；百花争艳的瑞香花卉生态观赏园；清纯

玄妙的三江口原始森林；湖光山色俱美的油罗口风景区；陈毅元帅隐蔽处……个个韵味隽永，自古以来就是人们向往的旅游胜地，也是讲到梅关不得不提的亮点。

（一）珠玑古巷故事多

梅关古道到今天，已逐渐变成了繁华的闹市。随着中原百姓大批度岭南迁，这条长 1.5 公里的巷子成了翻越梅岭后南来移民的第一个落脚点。曾经有 153 个姓氏在这里聚居驻足、休养生息。熙熙攘攘的商旅、挑夫"日有数千",江西、福建、广东的许多客商,在此开设商店行栈,也是赣闽粤商品的辐射平台。珠玑巷由此被认为是珠三角居民和珠三角文化的发祥地,被称为"七百年前桑梓乡"。巷中门楼上,有"珠玑古巷,吾家故乡"的题字。

1. 珠玑古巷

始建于唐代的珠玑古巷，以其悠久的历史、古朴的建筑风格和特殊的人文地理环境，在南粤大地乃至东南亚享有盛名。据考证，珠玑巷是珠江三角洲居民的发祥地，也是海外华侨的祖居地。珠玑巷的得名，始于张昌，张昌始祖辙生子兴，七世同居。唐敬宗宝历元年（825

年），朝廷闻悉后，旌其孝义，特赐珠玑绦环，因避敬宗庙谥，改名珠玑。巷内保留着不同朝代的古楼、古塔等一批文物古迹和观光景点，其中，"珠玑古巷"牌楼西北的元代实心石塔，是广东省现存元代石塔中唯一有确切年代可考究的，为省重点保护文物。

2. 贵妃塔

珠玑古巷的灵魂便是贵妃塔，珠玑巷有一位商人名叫黄贮万，搭救了从宫里逃出来的胡贵妃，并娶她为妻。朝廷闻讯后派兵前来捉拿，并扬言要血洗珠玑巷。于是，珠玑巷的70余姓共100户人家结伴逃到珠江三角洲一带。胡贵妃为了不连累四方村民便投井自尽了，后人为了缅怀胡贵妃，在古井上面筑塔作为纪念。不足四米高的胡妃塔为八角形的塔身，共七层，每层都镌刻着莲花和佛像，据说这是广东唯一一座有准确年代可考的元代古塔。

3.古巷情怀

如今的珠玑巷里，到处都是鳞次栉比的宗祠。街巷的幽静经常会被爆竹声打破。认祖归宗的人们，手执族谱、成群结队地追寻而来。赵钱孙李，周吴郑王……千年前的根找到了，要放爆竹以示庆祝。在珠三角一些后裔分布的高密区，珠玑后人占了80%以上，珠玑巷移民后裔约占今天广府民系的60%以上，大约有2000多万人（也有专家估计人数

达4000万）。现在的珠玑巷只有二十几个姓氏的人家居住，仿佛守卫着珠玑巷的历史内涵。似乎有根看不见的线，在经历了千年之后，将游子们牵引回来。珠玑巷的人，哪怕走得再远，这些印记却是丢不掉的。

（二）牡丹亭

明代大戏剧家汤显祖名著《还魂记》

故事的发祥地——牡丹亭坐落于今大余县古南安府衙后花园内。园内秀木参天、花飞蝶舞、流水淙淙、亭阁雅美，景色宜人，"朝飞暮卷，云霞翠轩，雨丝风片，烟波画船"。这美丽的景致，使得临川才子汤显祖两次逗留南安、驻足流连，更使他倾心着墨于浪漫主义杰作《牡丹亭》,赢得了"东方莎士比亚"的美誉。牡丹亭为园中十景之最，始建于明代，明清时名冠江南，历尽沧桑，屡兴屡废，现景点为1996年重建而成。"光照

临川笔，春分庾岭梅"，牡丹亭以历史文化为背景、构件精巧、相映成趣，构成了一组情趣盎然的园林胜景。文因景起，景由文传。由于《牡丹亭》曲文的传唱，再加上其独特的魅力，大余牡丹亭遂名扬海内外。

据专家考证，《牡丹亭》是汤显祖根据杜丽娘话本和流传在江西南安大庾的女魂恋人故事创作的。"唱尽新词欢不见，数声啼鸟上花枝。"杜丽娘与柳梦梅那由生至死、由死至生的情缘传为佳话，汤显祖也以此曲而流芳千古。万历二十六年汤显祖被罢免还家，绝意仕途，笔耕以终老。"枫叶沾秋影,凉蝉隐夕晖。梧云初暗霭,花露欲霏微。岭色随行棹,江光满客衣。徘徊今夜月,孤鹊正南飞。"一首《秋发庾岭》抒发了他的落寞惆怅。这时的汤显祖还没有从遭贬的阴影中完全挣脱出来。"南飞此隔影,箐峭行人稀。鸟口滩边立,前头弹子矶。"这一首《凭头滩》更为悲凉。他感到自己就像一只南飞的离群孤鸟。在他飘摇到大庾时,一生爱好自然山水和园林景胜的汤显祖,一听驿丞说府署有座后花园,景致甚好,便前往寻幽探胜。

原来,在《牡丹亭》还没问世之前,大庾当地早就有"人鬼情未了"的多个版本。汤显祖在徐闻县担任了三年典史,之后被调到浙江省遂昌当知县,再次北返抵达大庾时得知水枯待舟,可以在大庾待上一个多月,而他也为能够重圆"还魂"一梦而感到兴奋。多年萦绕在他心头的"生者可以死,死者可以生。生而

不可与死，死而不可复生者，皆非情之至也"，这也成了《牡丹亭》一剧的精髓所在。在汤显祖的《牡丹亭》中，多次提到"江右南安府""南安府"以及相关的"梅岭""大庾岭""梅关""郁孤台"等地点，而且剧中关于后花园的描绘也大致和当日大庾县牡丹亭的景物相似。"原来姹紫嫣红开遍，似这般都付与断

井颓垣。良辰美景奈何天，赏心乐事谁家院！朝飞暮卷，云霞翠轩；雨丝风片，烟波画船——锦屏人忒看的这韶光贱！不堤防沉鱼落雁鸟惊喧，则怕的羞花闭月花愁颤。梦回莺啭，乱煞年光遍。人立小庭深院。炷尽沉烟，抛残绣线，恁今春关情似去年？晓来望断梅关，宿妆残，恰凭阑。翦不断，理还乱，闷无端。恰便是花似人心好变牵……"此情此景，怎能不催人泪下呢？而《牡丹园》也在我国的文学史占有了一席之地。为了纪念汤显祖，恢复这一名胜古迹，1987 年，当地政府决定重建牡丹亭公园。现在正在规划建设"景之佳，为西江衙署冠"的南安府衙及汤显祖纪念园等景点，其主要景点就是"丽娘冢"——《牡丹亭》剧中女主人公杜丽娘的坟墓，坟前有数棵梅树，相传丽娘就是在梅树下"因春感情，遇秋成恨"，并留下遗言"守的个梅根相见"，死后要埋葬于梅树下。梅花观是南

安府衙临街的一座尼姑庵，《牡丹亭》戏剧中的《闹殇》《旅寄》《拾画》《还真》《魂游》《幽莛》《旁疑》等所发生的故事都与梅花观有关。

（三）龙山瀑布群

江西省大余县黄龙镇境内的龙山瀑布群地处，距县城 9 公里，是丫山森林公园的一大自然景观，景区全长 2.3 公里，共有大小瀑布 20 余处，呈梯级分布，最

高的一条瀑布近 60 米。峡谷中生长着国家级珍稀树种银杏、竹柏等，极具考察和观赏价值。这里涧曲湍回、山势峻峭、秀木参天、植被茂密、涧水潺潺、鸟蝉喞啾，给人以超尘脱俗、皈依大自然之感。山腰之上的路旁有一真君洞，面积近百平方米。据当地人说是丫山灵岩寺开山主持的面壁修炼处。龙山瀑布群有江南水乡那种清秀妩媚之韵味，更有返璞归真的感觉。龙山瀑布群中的景观都有着各自的特点，各自的传说。

大龙山，又名镇龙山；丫山龙山瀑布群是自然景观荟萃的观光休闲型景区；丫形瀑布，也称"玉女含羞"，相传龙女下凡曾在此沐浴，所以瀑布落潭处也称"玉女潭"；三叠瀑也称"清帘叠挂"，相传神仙遨游时曾在此下棋，故有"神奕台"之称；白凤瀑布（白凤归巢）下有一圆形水潭，水深一米多，称作"玉龙潭"；母子瀑布（也叫"飞来泉"），整个

瀑布恰似母子偎依，使人备感大自然的神奇奥妙。飞龙瀑布（也称"飞龙出云"），据说当年孽龙为许逊所迫顺水流而下，形成长长的白练，慌忙中孽龙口喷水雾，挡住了许逊视线，孽龙得以逃脱所以叫作"飞龙出云"；龙须瀑（滚龙瀑），相传孽龙坠落水中，拼命辗转翻滚，搅得山岭震动，故此瀑下的潭也称为"滚龙潭"。仙公瀑布也叫琵琶瀑，像太白仙公飘崖

而下，故称仙公瀑。远远望去，又像悬挂山崖中的琵琶琴，故又名"琵琶瀑"。潜龙勿动也称"龙槽"，相传孽龙被许逊追得无路可逃，就在石缝自下面上拱出一条深坳置身于内，不敢动弹，由此得名。龙山瀑布群的这些景色真的是妙不可言。

（四）雅丹沙漠城

江西省大余县县城西南方向五公里处的灯芯桥附近就是庾岭雅丹沙漠城，大余被国际上誉为"世界钨都"，是因钨矿蕴藏量、生产规模、矿产品品位、质量与产量均居世界首位。与此同时"钨"也成了大余旅游业的旅游品牌，衍生出"雅丹沙漠城""地下迷宫"等旅游景点，是"集地质科学考察、探险求知、地坑神游为

一体"的钨都文化景区。

雅丹沙漠城奇特景观是人造沙地构成的，由西华山钨矿选矿后的尾沙堆积构成的蚀余景观。尾沙长年累月越积越多，占地面积越来越大，积层越积越厚。经过长期风侵雨袭和人工取沙，这些沙造就了奇特的"山峦""物象"，风扬沙飞、阵阵哨音，仿佛听到荒漠遥远的驼铃，让你误以为进入沙漠戈壁。此沙含多种矿物质及微量元素，可治疗脚气，置身其中可赤足在细沙堆中享受"沙疗"的乐

趣。也可以乘着滑沙板滑翔于沙漠天地，从高陡的沙坡之巅滑下去，享受惊险刺激。开着迷彩吉普车遨游大漠也是个不错的选择。

（五）丫山灵岩寺

丫山森林公园距大余县城 9.5 公里，占地面积 3000 余亩，森林覆盖率达到

80％以上，公园内有相当多的珍贵树植，罗汉松、银杏、竹柏等等，有草鹿、穿山甲等几十种珍稀野生动物。除此之外，最引人注目的就是丫山上的古寺了。丫山又称双秀峰，在大余县的东北角。丫山灵岩寺就坐落于这座山峰之上，是"江西有数，赣南为甚"的寺院之一。古寺是仿明代建筑，建筑总面积为 4531 平方米，结构严整，寺院坐北面南，砖木结构，台阶式书案型布局，寺内殿堂廊舍，

廊道互通，浑然一体。寺门左右刻有寺联："灵感三千界，岩藏五百僧。"步入寺院顿时有一种殿宇辉煌、宝像庄严的感觉。每年农历十月初一和十五会举行盛况空前得佛会。来自赣、粤、湘边区的善男信女，商贾游人都云集于此。

灵岩寺坐落在丫山腹地的深山丛林之中，形成"深山藏古寺"的感觉。这座千年古寺，几度兴废，历经沧桑。古寺青砖绿瓦、殿宇连天、楼阁高耸、飞檐挑栋，到处雕龙画风，九曲回廊，遍地金碧辉煌。殿堂布局，巧夺天工。寺前流水淙淙，满地奇花异草；寺院四周古木参天，怪石嶙峋。"朝暮晨昏香光萦绕，云山雾海佛钟长鸣。"

踏在幽幽古道上，感受着浓浓的历史文化氛围，似乎也成了叱咤风云的人物，或是身世坎坷的诗人；走在珠玑古巷中，倾听着客家老者的娓娓讲述，似乎也经历了漫长的迁徙，正在落叶归根的路途中。梅关的景与情远远不只这些，周遭的一切也都是美的，总会让游客们觉得不虚此行。